Joseph Carl Hofmeister

Die Kärntner-bahn im bereiche der Steiermark, historisch topographisch geschildert, mit andeutung der nebemwege

Joseph Carl Hofmeister

Die Kärntner-bahn im bereiche der Steiermark, historisch topographisch geschildert, mit andeutung der nebemwege

ISBN/EAN: 9783743680920

Hergestellt in Europa, USA, Kanada, Australien, Japan

Cover: Foto ©ninafisch / pixelio.de

Weitere Bücher finden Sie auf **www.hansebooks.com**

Die
Kärntner-Bahn

im

Bereiche der Steiermark.

———

Historisch topographisch geschildert

mit

Andeutung der Nebenwege.

— — —

Der Reinertrag ist dem Unterstützungsfonde für mittellose Studenten des
Cillier Gymnasiums gewidmet.

———

Graz 1863.

In Commission bei Georg Tarmon in Cilli.

Die neuesten

Flügelbahnen der Südbahn

in

Steiermark.

———

II.

Westparthie.

Vorwort.

So viel die Zeitungen, besonders zur Zeit der Eröffnung dieser Trace, von derselben brachten, hat noch kein Artikel auf Einzelheiten hingewiesen oder auf die Naturschönheiten aufmerksam gemacht (außer einer flüchtigen Andeutung in der Zeitschrift „Hoch vom Dachstein", Nr. 28, Jahrgang 1862), viel weniger eine geographische oder technische Beschreibung zu selber geliefert. Weil die nachfolgenden Skizzen doch von Allem wenigstens Etwas bringen, so mögen sie auch Allen, die wie immer daran Theil nehmen, willkommen sein, mögen aber auch Reisende überhaupt auf eine Gegend aufmerksam machen, die als „hinter den Bergen" gelegen, kaum bisher beachtet wurde, und doch so viel des Interessanten und des Schönen birgt; besonders sollen diese Zeilen (wie ähnliche Bahnbeschreibungen) Reisenden, als eigentlichen Touristen! Andeutungen zu Ausflügen nach rechts und links geben, um so die Naturschönheiten unserer Steiermark, d. h. auch dieser Parthie, kennen zu lernen.

Auch diese Skizzen waren ursprünglich, d. h. im September 1862, für unser Tagsblatt bestimmt (daher diese Form), was durch Meinungsverschiedenheit nicht ausgeführt wurde — so mögen sie nun allein in die Welt wandern; allein Manches, besonders die Verspätung, mag damit entschuldigt werden —

wie bei der Eisseger-Trace, deren Vorwort auch für hier gelten kann.' Gar wohl sehe ich ein, daß diese Skizzen sich weder Dr. Macher's Beschreibung der Köflacher-, noch jener der Orientbahn von Ferd. Raisp anschließen dürfen; aber eben das Gesagte soll mich auch dem gegenüber rechtfertigen.

Uebrigens haben die Festberichte über die Eröffnung in der „Presse" Nr. 150 u. s. f., in der „Grazer Zeitung" ddo. 2. Juni 1863, „Tagspost" Nr. 122, „Correspondent für Untersteier" ddo. 5. Juni 1863, Klagenfurter Blätter u. s. w. theilweise auch kurze Beschreibungen der Trace geliefert, auf welche ich mich hier zu beziehen erlaube. Am entsprechendsten wäre es allerdings, einen Photografen oder Zeichner auszusenden, um alles Gesagte am ersichtlichsten zu beweisen, was der Zukunft vorbehalten bleiben muß.

Windischgraz im August 1863.

J. C. H.

Uebersicht.

Die Verhandlungen über diese Trace dauerten bekanntlich lange, und es wurden die verschiedenen als zweckmäßiger erachteten Richtungen seinerzeit sattsam besprochen — daher hier weder auf möglichst bessere, noch zweckmäßigere, noch wohlfeiler gewesene oder eher zu Stande gekommene Routen weiter eingegangen, sondern nur die Thatsache behandelt werden soll.

In Erwägung, daß der Bezirk Marburg mit 10,000, Mahrenberg mit 11,000 und Windischgraz mit 13,000 Bewohnern durch diese Trace berührt werden, also eine bedeutende Bevölkerungszahl als theilnehmend angenommen werden kann, so läßt sich auch für den Verkehr in dieser sonst so einsamen und stillen Gegend eine Bewegung erwarten, deren Folgen vor der Hand kaum abzusehen sind.

Ob Nutzen oder Schaden damit? ist eine Frage der Zeit, wie betreffs der landwirthschaftlichen Verhältnisse dieser Gegend Alles bereits im Wochenblatte der steierm. Landwirthschaftsgesellschaft besprochen wurde; solcher Verkehr natürlich ändert gewaltig die Richtungen des Ackerbaues, der Viehzucht, der Industrie und des Handels u. s. w.

Unmittelbar durchschneidet die Trace die Gemeinden Brunndorf, Lembach, Lasnitz, Feistritz, M. Rast, Zwolnig, Zinsat, Garnuth und Rattenberg des heutigen Amtsbezirkes Marburg — Johannesberg, Wuchern, St. Veit, Saldenhofen, Drautsch, Trofin, Daniel des Bezirkes Mahrenberg, endlich die Gemeinde Ottischnigberg des Bezirkes Windischgraz, und wir wollen in dieser Richtung von Ost nach West die einzelnen Stationen mit ihren Um-

1

gebungen in Betracht ziehen — jedoch nur im Bereiche des Vater-
landes — betreffs der weiteren Route hoffen wir wohl auch einmal in den nachbarlichen Blättern was zu lesen.

Schließlich sei zum Troste Aller, welche diese Trace mehr in
ihre unmittelbare Nähe wünschten, oder eine andere Route zweckmäßiger erkennen wollten und dergleichen, bemerkt, daß die Zukunft sicher das Versäumte noch einholen dürfte, da Einfachheit
und Kostenersparniß beim Baue von Eisenbahnen überhaupt doch
auch einmal zu hoffen ist und Gegenstand eingehender Verhandlungen sein werden.

Fassen wir nur die erste Section dieser Trace (bis Buchern)
in's Auge, allerdings eine der schwierigsten und gefährlichsten, so
kommen auf diese circa 6 Meilen lange Strecke bei 15,000 Klafter gerade, und damit über 8800 Klafter krumme Linien, kommen über 80 Bogen und ein Gefälle von 1:109 bis 1:800;
kommen auf 11,600 Klafter horizontale Linien weit über 8600
Klafter Steigerungen u. s. w., Verhältnisse, die sich nicht vielseits
wiederholen.

Da übrigens diese Beschreibung mehr für den Touristen als
Techniker geliefert wird, der Reisende auf der Route die schönen
und vielen Bauobjecte nicht einmal sieht (mehr jener auf der jen-
seitigen Poststraße), so soll auch davon nur so viel die Rede sein,
als nothwendig zur Beschreibung der Trace in geografischer oder
malerischer Hinsicht erscheint, und wir wollen die Aussicht
von den Waggons von Station zu Station betrachten,
was eigentlich die Aufgabe dieser Blätter ist, den eigentlichen
Touristen aber auch mit den Seitenwegen bekannt machen.

I.

Marburg — M. Raft.

Der Marburger B a h n h o f ist so bekannt, wie die Stadt selbst, daher weder über das Eine noch Andere mehr zu sagen ist; Ersterer, und zwar der am linken Drauufer, ist eine Schöpfung der neuen — Jener am linken eine der neuesten Zeit, dessen Geschichte ist noch nicht geschlossen, sondern wie er selbst erst im Beginne; über die S t a d t [1]) aber haben wir histor. topografische Abhandlungen und Bücher genug, auf daß sich Jeder, der sie näher kennen lernen will, damit belehren kann.

Da die Personen-Aufnahme noch in Ersterem (Grazer-Vorstadt), begleiten wir den Reisenden aus selbem über die alte Draubrücke, welcher dem Vernehmen nach Eisenconstruction bevorsteht, und von dem rechten Ufer aus dann im großen Bogen in den neuen Bahnhof (Magdalena-Vorstadt), der zur Frachtenaufnahme bestimmt ist, übrigens aber zur Maschinen-Werkstätte hergerichtet wird und sehr großartig werden dürfte.

Wie die Trace hier also das rechte Ufer betritt, zweigt sich die Kärntner- von der Südbahn ab, und während diese südlich fort nach Kranichsfeld u. s. w. führt, zieht sich jene westlich, durchschneidet bald die alte Commerzial-Hauptstraße, umkreist die gedachte Magdalena-Vorstadt und dürfte bald von stattlichen Häuser.

1 *

reihen eingerahmt werden. Kurz nur zeigt sich gegen Ost und Südost das schöne Bild, welches die Ebene des Pettauer-Feldes bietet, begrenzt von einer mit Schlössern und Kirchen bedeckten Bergeskette.

Wenn man nun jene, bald eine neue Stadt bildende Häusergruppe verläßt, fällt links ein großes Gebäude auf, das zur Zeit der Militärherrschaft in Oesterreich mit großen Kosten (und von der Stadtgemeinde Marburg aus mit großen Opfern) als Militär-Erziehungsinstitut erbaut wurde — später vielleicht wohl auch zu andern Zwecken einmal dienen dürfte. — Weiter gegen die Berge hin (am Abhange des Bachers) ist das Schloß Rothwein zu erkennen, den Petkovitschen Erben gehörig, vorhin Grund- und Bezirksherrschaft, ein beliebter Ausflug der Marburger. Näher steht der sogenannte windische Calvarienberg mit einer Kapelle am Gipfel; dann zeigt sich das Pickerer-Gebirge und ganz nahe das Pfarrdorf Lembach [2]) von Obstbäumen eingerahmt.

Wer an der rechten Seite des Waggons sitzt, hat dafür ein nicht minder schönes Bild — eigentlich eine Reihe von Bildern, die mit St. Josef [3]) beginnt, und die rebenbedeckten Hügel, welche sich (jenseits der Drau) von Marburg gegen Gams ziehen, dann dieses große schöne Pfarrdorf selbst, weiter fort das Praffegger und Tresterniser Weingebirge, endlich die vielen kleinen Parzellen um Zellnitz zeigt, womit hier der Weinbau schließt. (Zu bemerken ist hier die durch den Gamser-Graben nördlich fortlaufende Straße über Roßbach in's Langenthal und nach Witschein, Ehrenhausen u. s. w.)

Parallel mit diesem Gebirgszuge, der durch seine reiche Cultur das Auge erfreut, d. h. zwischen demselben und der tief fließenden daher nur selten hier noch sichtbaren Drau, führt die a l t e C o m - m e r c i a l ſ t r a ß e n a c h K ä r n t e n, während der Fluß selbſt noch immer gewaltige Laſten aus Oberkärnten und von den Ab- hängen des Bacher herabträgt.

Da die erſte Station noch nicht definitiv beſtimmt iſt, in- dem ſich die öffentliche Meinung für Lembach ausſpricht, andere Stimmen für Lasniß oder Feiſtriß, in welch' leßterem Orte auch eine proviſoriſche Aufnahmsſtation iſt, ſo wird die Entfernung von Marburg bis Feiſtriß mit $1\frac{1}{10}$, von da bis M. Raſt mit $\frac{6}{10}$ Meilen hier angeſeßt.

Nach Lembach erſcheinen wieder einige Häuſergruppen am Fuße der Pickerer Rebenhügel : das erſte Dorf iſt L a s n i ß, das zweite F e i ſ t r i ß [4], dann H o l l e r n [5], endlich M. R a ſ t, mit einem auffallenden Kirchthurm, wornach der Zug bald in die gleichnamige Station (III. Claſſe) einfährt.

Gegenüber, d. h. nördlich, iſt ein Schloß ſichtbar, deſſen ſchmuckes Aeußere mit ſeinen Pappelalleen unwillkürlich die Neu- gierde erweckt : es iſt W i l d h a u s [6], an der alten Kärntner- ſtraße, die ſelbſt hinter den Tannen, welche aus dem tiefen Drau- thale herauflugen, auch wieder ſich maleriſch blicken läßt. Alle jenſeitigen Ortſchaften ſind durch Ueberfuhren mit dem rechten Ufer verbunden, worunter die fliegende Brücke bei Lembach die wichtigſte.

So iſt der Stationsplaß M. Raſt auch mit Zellniß, der ehemaligen Poſtſtation, durch eine Ueberfuhr verbunden, und bemerkt der Reisende mehrere solche Straßenzüge unter oder über die Bahn zum Drauflusse.

II.

M. Rast — Lorenzen.

Diese Entfernung beträgt $1\,^6/_{10}$ Meilen; die Richtung ist bis Fall westlich, von da nördlich, endlich bis zum Stations-gebäude Fall-Lorenzen südöstlich, da hier eine der größten Curven beschrieben wird, deren Bogenlänge bei 360 Klafter beträgt.

Vor Allem wollen wir, ehe wir die letzte Station und da-mit die Ebene verlassen, den Reisenden aufmerksam machen, hier noch einen Rückblick nach Osten zu thun; — der von Kärnten, d. h. herab — Kommende aber genießt hier zum ersten Male wieder eine freie weite Aussicht, daher sehr überraschend.

Das Dorf [7] selbst links hinter sich lassend, führt ein Via-duct mit drei Oeffnungen zu 36 Schuh Spannweite, über die tosende Lobnitz, ein Waldbach, der oft arge Verheerungen anrichtet, wo rechts unten eine Papierfabrik zu sehen; hart am Berge sieht man einen Fels, der hier jede Verbindung abzuschnei-den scheint, und seiner Zeit hier die Schifffahrt auf der Drau sehr gefährlich machte.

Ein ungemein romantischer aber auch gefährlicher Weg führt über denselben von M. Rast zum Schlosse Fall [8], aber die neueste Zeit hat den Fels durchbohrt, und ein 666 Schuh langer Tunnel führt den Zug von Reisenden und Waaren durch denselben und hart an den Mauern des Schlosses vorbei, und über eine Eisenbrücke mit 156 Schuh Spannweite gerade gegen Norden fort. So romantisch und großartig der Anblick desselben von der Ferne, eilt der Zug zu schnell vorbei, um mehr als die Häuserreihen wahrzunehmen, die das Schloß bilden.

Jenseits der Drau (hier östlich) ist Zellnitz [9] sichtbar, bald darnach aber schließt sich das Thal und wird zur engen Schlucht, die sich ganz erst wieder in Kärnten öffnet. Die alte Poststraße (die Drauwalderstraße genannt), ist dem Reisenden im Waggon zur Rechten nun fast durchwegs, aber meist tief unter der Trace sichtbar, während der links Sitzende keine Aussicht hat, sondern nur über die Arbeiten staunen muß, die hier den Bergen so viel Raum abgenommen haben, eine Eisenbahn anzulegen! Hochaufstehende senkrechte Felswände bestätigen das Gesagte, während oft loses Gerölle für die Zukunft bange Sorge macht.

Kein Haus gibt hier Kunde von menschlichem Leben und Treiben, und auch jenseits erscheinen nur spärliche Gruppen oder einzelne größere Gehöfte, wie z. B. eben gegenüber vom großen Einschnitte (bei gedachter Biegung) der vulgo Sturm, wo sich ein Weg hinauf gegen heil. Geist zieht. Dieser, wie andere tiefe Einschnitte in's Gebirge zeugen von der Gewalt, womit vor Jahrtausenden die Bildung des ganzen Thales erfolgte; ihnen enteilen meist mächtige Waldbäche, die sich oft nach kurzem Laufe in die Drau ergießen, nicht ohne einigen Sägemühlen Leben und Bewegung gegeben zu haben. Der Anblick des Flusses selbst aber im tiefen Thale ist eben so schauerlich als malerisch — es gilt dies für den Reisenden auf der Poststraße gegen die Eisenbahn her nicht minder, als für den Passagier im Waggon selbst gegen die

Landstraße und die dort aufsteigenden Berge, auf denen wie ein Adlernest hie und da ein Bauernhaus zu sehen, oder eine Gruppe von Obstbäumen die Nähe von Menschen bekundet.

Während dieser Romantik hält der Zug in der Station Lorenzen, die eigentlich im Territorium der gedachten Herrschaft liegt, daher ursprünglich der Name Faal-Lorenzen beantragt war, zunächst einer kleinen Häusergruppe, die (wie mehrseits bei Mündungen solcher Waldbäche zu sehen), Mühlen und die Wohnungen von Ueberführern und Schiffern in sich schließt.

Obwohl bei diesen Stationen kürzerer Aufenthalt, als bei den späteren, wären doch Restaurationen erwünscht in Betracht der Rückreisenden. Daß aber auch später (Trauburg, Bleiburg ꝛc.) solche nicht zu finden, ist ein arger Uebelstand, den ohnedem schon die öffentlichen Blätter rügten, der aber hier um so fühlbarer ist, als die meist über die Gebühr langen Aufenthalte den Hunger noch mehr wecken!

III.

Lorenzen — Reifnig.

Die Entfernung dieser Station beträgt $1\,^2/_{10}$ Meilen, und die Trace zieht sich in Schlangenwindungen wieder hoch ober der Drau westlich fort, parallel gegenüber die alte Poststraße, an der zuerst St. Oswald [10]), vorhin zweite Poststation, sichtbar ist. Nur wenige Häuser um die Kirche bilden den Mittelpunkt einer großen Gemeinde; denn wie erwähnt, ist die ganze Straße (recte war sie) obwohl viel besucht, doch wenig belebt und bewohnt; nur einige Gasthöfe bilden bedeutende Häusergruppen, z. B. gleich ober St. Oswald der vulgo Jaunegger'sche, ein bekannter Gasthof.

Uebrigens kann man, da dem Reisenden im Waggon sicherlich das stete Bergauf und Bergab dieser Poststraße auffällt, auf das Lästige des bestandenen Verkehrs auf derselben schließen — eine Unzukömmlichkeit, welche für die Reisenden mit der Post, welche hin und her diese Route stets bei der Nacht hatte, doppelt empfindlich und lästig war.

Um auch dem im Waggon links sitzenden Reisenden zu dienen, müssen wir noch einmal zurück in den Bahnhof Lorenzen, und machen ihn, während der Zug über die eiserne, 150 Schuh lange Gitterbrücke eilt, auf die Straße aufmerksam, die im Thale südlich hinan eben da über M. Wüsten nach St. Lorenzen führt. Der in zahllosen Wasserfällen entgegenschäumende Radlbach treibt hier Säge- und andere Mühlen, und belebt die Waldschlucht, deren üppig Grün dem Auge wohlgefällt.

Nicht dringend genug ist Touristen ein Ausflug von hier in's Gebirge zu empfehlen, allerdings vor allem dem Romantiker, gleich darauf aber dem Landschaftsmaler, da jede Wendung des Weges, jedes Haus, kurz jeder Schritt eine Fülle von Studien bietet und eigens dazu geschaffen scheint. Zuerst kömmt man zu der rings vom Radlbache umflossenen Wallfahrtskirche Maria in der Wüsten, einst auch dem Benedictinerstifte St. Paul gehörig, derzeit Pfarre, von da links über den Jöschberg geht es zurück nach Fall — rechts aber bergan in den Markt Lorenzen [11]) und weiter dem Bacher fort hinan.

Selten öffnet sich nunmehr die Wand zur Linken, wo auch bald darnach die Grenze zwischen den Amtsbezirken Marburg und Mahrenberg — kaum um einem Waldbache Platz zu machen, der dann meist durch einen engen Bogen Durchlaß zur Drave sucht. So bietet diese Parthie wenig Abwechslung im Ganzen, nur die Gruppirungen im Einzelnen erfreuen das Auge, bis die Station Fresen-Reifnig wieder „Halt" gebietet.

IV.

Reifnig — Wuchern.

Fresen [12]) ist ein Dorf an der mehrerwähnten alten Straße, dessen rothes Kirchthurm-Dach eben bei der Einfahrt in den Bahnhof in Sicht kömmt, und war vorhin eine vielbesuchte Station dieser Drauwalderstraße, Reifnig [13]) aber ist ein bedeutender Ort hoch oben am Bachergebirge, bekannt durch seinen Holzhandel und zwei nächstgelegene Glashütten, daher der Doppel-Name dieser Eisenbahnstation dritter Classe. Die Richtung ist von nun an gerade gegen Westen; die Entfernung beträgt $1\frac{2}{10}$ Meilen und die Steigerung ist wieder sehr bedeutend.

Der rechts Sitzende sieht wohl Fresen, was wieder ein schönes Bild liefert (Reifnig aber ist bei 3 Stunden Wegs entfernt), der links im Waggon Sitzende hat auch hier wenig Genuß, da er, nachdem er den tosenden Wölkabach auf einer 90 Schuh langen eisernen Gitterbrücke überschritten, stets nur knapp an der Berglehne hinfährt.

Wieder in zahllosen Wendungen, worunter eben die bei

Fresen 275 Klafter mißt und meist knapp über dem Ufer des
Flusses (kaum bei 5 Klafter Höhe über dem mittleren Wasserstand)
führt die Trace an einigen Hütten vorüber und einige Felder durch-
schneidend, die ohnedem mühsam den Abhängen der Berge abge-
rungen wurden, aufwärts fort; gegenüber wieder die Straße mit
einigen Häusergruppen, bis sich kurz vor der nächsten Station
(Buchern-Mahrenberg) eine Ebene zeigt, eigentlich eine Erweiterung
des Thales, wahrscheinlich vor Jahrtausenden erwirkt durch die
von allen Seiten hier einmündenden Gebirgsbäche — immerhin
eine Abwechslung, die dem Auge wieder sehr wohl thut.

Wie bei der Häusergruppe von Fresen, zieht sich bald darnach wieder eine Schlucht nördlich hinan; in dieser führt ein Weg
zur romantisch gelegenen Kirche P a n g r a t z e n, auch ein bekannter Aussichtspunkt mit reicher und schöner Rundschau. Auf kurz
nur zeigt sich dem Reisenden (im Waggon rechts Sitzenden) auf demselben Bergabhange später das hoch gelegene Pfarrdorf Remschnig,
im Thale aber die Filialkirche St. Martin und ein schönes Gehöfte (Ehgarten-Gasthof) an der Straße, die sich nun gegen Nord-
westen wendet, während die Trace am rechten Drauufer westlich
fortläuft und bald in der Station B u c h e r n - Mahrenberg sich
mündet.

Nördlich blicken eine Menge Kirchleins hernieder, aber nicht
nur dieselben, sondern auch diese ungemein fleißig bebauten Abhänge, wo fast alle Kulturgattungen vertreten erscheinen, ziehen
die Blicke auf sich, während südlich die Abhänge des Bachers und
seine Vorberge so steil sind, daß der im Waggon links Sitzende
kaum manchmal freiere Aussicht hat; thut aber nichts zur Sache,

denn schreckenerregend starren die häufig nackten Holzschläge und Schluchten der Bella Kappa hernieder, und erinnern in der reichsten Holzgegend schon an Holzmangel.

V.

Wuchern — Saldenhofen.

Ersteres [14]) ist eine kleine Gemeinde, denn eigentlich ist Mahrenberg [15]) der Name dieser Station, ein Markt am linken Drauufer, der aber hier noch nirgends sichtbar. Die Richtung der Trace geht nun wieder westlich fort und die Entfernung beträgt nur 1 Meile.

Uebrigens ist diese Strecke eben dadurch eine der freundlichsten der ganzen Trace, da nördlich über die Drau hinüber das Thal als fruchtbare Ebene erscheint, südlich aber auch Felder und Wiesen sich bis zu dem Abhange des Bachers hinziehen und Häuser Alles beleben, wie die schmucke Häusergruppe von Wuchern selbst ein liebliches Bild bietet.

Wie da der Bacher, ist jenseits der Radlberg durch seine eigene Gestalt weithin erkennbar; unter der Menge von Kirchleins fällt jene von heil. Dreikönig, auf einem isolirten Hügel, vor Allen in die Augen, sie ist eine Filiale von Mahrenberg, die übrigen meist solche der Pfarre Hohenmauthen. Auch St. Lorenzen ob Eibiswald, von wo man eine weite Fernsicht genießt, erscheint hier auf kurze Zeit sichtbar.

Gegen Süden gruppiren sich die Abhänge des Bacherberges sehr malerisch, und gestatten nicht nur Einsicht auf die Mala- und

Velka Kappa, sondern theil- und zeitweise auch gegen den Ursulaberg und die kärntnerischen Kalkalpen. Vor allem fällt schon gegen Ende der Station auf steilem Fels ein Kirchlein auf: es ist
Maria am Stein, so genannt, weil vorhin hier das Hochgericht
des Landgerichtes Saldenhofen war, dessen Entstehen der Romantik angehört und bereits anderseits erzählt wurde.

Natürlich hat der im Waggon rechts Sitzende wieder viel
mehr zu sehen und zu schauen; vor allem fesselt ihn der Fluß
und mehrere seiner Ueberfuhren, unter denen die fliegende Brücke
eben bei Buchern die bedeutendste ist.

Nicht nur die ganze Gruppirung der Berge zeigt die un-
geheuern Naturrevolutionen, wodurch das Thal entstanden, sondern
auch die Felsen im Flußbette selbst, welche ehedem noch bedeutender waren und die Schifffahrt hier sehr gefährlich machten, so
daß Anfangs dieses Jahrhunderts ein eigener Commissär hier
weilte, um die Arbeiten zu leiten. Bekanntlich war die Schiffbar-
machung des Flusses für Dampffchiffe auch Gegenstand eingehender Debatten von der Tracirung der Linie „Marburg-Kla-
genfurt" selbst; allein nicht nur eben diese theilweise noch bestehen-
den Hindernisse, als häufige Untiefen, ungleiches Gefälle, hohe
Ufer und dergleichen, sondern der Umstand, daß im Winter, wo
der Fluß meist einfriert, so daß Wägen darüber fahren — die
Communication natürlich ganz unterbrochen wäre, machten, daß
man bald alle Pläne wieder aufgab.

Bald erscheint der Markt Mahrenberg mit seinem Schlosse
und der Klosterruine und der freundlichen Kirche Felfing, wo sich

die Straße über den Radl von der Poststraße abzweigt und nord-
östlich bergan führt.

Einen eigenen Anblick gewährt später wieder Hohenmauthen [16]), dessen unterer Markt an der Feistritz liegt, über welche
eine schöne Brücke führt, die auch erst die neueste Zeit schuf, da
früher die Hauptstraße durch den oberen Markt führte. Die östliche
Wasserscheide dieses reißenden Gebirgsbaches bildet die Grenze gegen
den Grazer-Kreis, die westliche jene gegen Kärnten; in diesem
Kessel sind Barthlmä in Rothonin und Pernitzen sichtbar.

Während der Betrachtung alles dessen fährt der Zug, Markt
und Schloß Saldenhofen links lassend, über einen schönen
Viaduct in die gleichnamige Station ein.

Malerischer als der Markt [17]) selbst erscheint das Thal
hinter demselben, durch das sich der Weg über Primon auf den
höchsten Gipfel des Bachers hinanzieht.

VI.
Saldenhofen — Drauburg.

Der Fall ist für die Entfernung von 1 ¼ Meilen hier wieder bedeutend, die Richtung nordwestlich, dann wieder westlich,
und war diese letzte Strecke in Steiermark mit großem Geld- und
Zeitaufwande verbunden.

Wieder hat der Reisende zur Linken meist nur Wald und
Berg, findet aber in dessen vielfacher Gruppirung wie in den
Aussichten durch einige Schluchten, unter denen jene, welche die
Reka bildet, über welche ein Viaduct führt, bemerkenswerth, auch

Zerstreuung und schöne Bilder. Hoch ober der Trace liegt Trofin [18) bald darnach mit dem Ottischnigberge betritt man den Bezirk Windischgraz.

Mehr Abwechslung hat der rechts Sitzende; zu seinen Füßen den majestätischen, meist von Fahrzeugen aller Art belebten Drave-Strom, ober demselben ein weites fruchtbares Thal und eine malerische Hügelwelt, die sich bis zu einer bedeutenden Höhe, fleißig bebaut und viel bewohnt, hinanzieht.

Weniger Leben als der Fluß dürfte in Kürze mehr die parallel hinziehende Poststraße bieten, mit welcher sich hier die alte vereinigt, an der die Gemeinde Gegenthal sichtbar. Wieder verengt sich das Thal und eine Häusergruppe: der Mohrenhof [19) zeigt die Landesgrenze, gleich darnach wieder eine solche; der Erstere ist ein Gasthof, Letzteres war das Accis-Mauthgebäude. Hoch oben am Berge zeigt sich die Pfarre Kienberg, an der Straße aber die Filialkirche St. Christof. Aus diesem Gebirge (schon beim Mohrenhof) kömmt ein ungemein schöner und fester Sandstein, der bei den meisten Bauobjecten der Bahn verwendet erscheint. Endlich zeigt sich wieder eine Oeffnung des Thales und eine Häusergruppe, während der links im Waggon Sitzende sich ebenfalls hinausbückt; um sich Puchenstein [20) näher zu besehen, erscheint rechts der Markt Unterdrauburg [21), mit dem alten Schlosse am Berge und der uralten Propsteipfarre — „Station Windischgraz-Drauburg" [22) ruft der Conducteur und wir steigen zuletzt auf steirischem Boden aus und ein.

Der erste Name gilt dem Hauptorte des Bezirkes, in dem der Bahnhof liegt und überhaupt der bedeutendste in der Gegend,

Letzterer aber dem gegenüber, also schon in Kärnten liegenden Marktflecken. Ueberhaupt aber dürfte für den Waarenverkehr wie für die Personenfrequenz diese Station die wichtigste der ganzen Route werden, denn hier münden sich die Straßen aus dem Lavantthale vom Norden, und aus dem Mißlingthale vom Süden her; hier durchkreuzen die anzuhoffenden Stellwägen von Wolfsberg-Judenburg nach Cilli die Bahn; hier ist der Vereinigungspunkt der Bevölkerung jener Ortschaften, die bis jetzt an der Poststraße oder unweit von ihr lagen u. s. w.; besonders wird diese Station für Touristen aller Gattungen von Bedeutung sein, vor allem für Alpenreisende (nördlich auf die Coralpe, südlich auf den Ursulaberg, den Bacher oder in's Sulzbachergebirge) daher immerhin von Bedeutung und längerem Aufenthalt.

Anmerkungen zum Texte.

1. Von den mehreren Schriften über Marburg, welche theils die Stadt, theils ihre Verhältnisse, theils ihre Umgebungen besonders behandeln, erwähnen wir, weil Alles zusammenfassend, Dr. R. G. Puff's Monografie (Graz 1847 bei A. Leykam's Erben), doch mag es hier auch angezeigt sein, Touristen kurz auf die Sehenswürdigkeiten aufmerksam zu machen; dieselben bestehen übrigens lediglich in den schönen und in jeder Beziehung interessanten Umgebungen: da versäume aber kein Reisender St. Urbani zu besuchen, um einen Gesammtüberblick des windischen Weinlandes bis über Luttenberg hinab mit allen seinen Schlössern, Kirchen und Gehöften zu genießen — oder den Bacher zu besteigen, von dessen Specula er nebst Obigem auch gegen Norden freie Aussicht bis nach Graz und in die Gebirgszüge des Hochlandes hat; wer aber mehr Zeit zu verwenden hat, gehe nach Wurmberg, wo ebenfalls reiche Rundschau ihn erfreuen wird.

Historiker weisen wir auf die Chronik, welche weiland Prof. Maly am Rathhause (beim Gemeindeamte) aus den Akten zusammengestellt hat, und wo er überhaupt mehr finden dürfte; den Oekonomen aber auf die vielen größeren Wirthschaften in der Umgebung, worunter vor Allem in Bezug auf den Weinbau des weiland Erzh. Johann's Besitzung in Pickern sich eines hohen Rufes erfreut; aber überall ist schon ein bedeutender Fortschritt bemerkbar, und so wird der rationelle Landwirth allseits die Anwendung der neueren Geräthe und Maschinen finden, und allseits über angestellte Versuche in jeder Richtung Berichte mit richtigem Urtheile vernehmen. Die Landwirthschafts-Filiale Marburg zählt tüchtige Mitglieder und hervorragende Leistungen in allen Richtungen.

Gasthöfe: „zum Mohren", „zum Erzherzog Johann", „zum Sandwirth", „zum schwarzen Adler", „Stadt Meran" und „Stadt Wien"; Purghardt in der Grazer-, Löschnig in der vulgo Karner-, und Sirk-Selinscheg in der Magdalena-Vorstadt.

2. Auch über Lembach gibt es besondere Schilderungen, und zwar in historischer und ökonomischer Beziehung.

Lembach, ein Pfarrdorf, ist aber von zu hoher Bedeutung für Steiermark und unsern Weinbau, um so flüchtig, wie mit dem Zuge vorbei zu wandern. Seit der leider uns viel zu früh entrissene kaiserliche Prinz, der nicht als solcher, sondern als Gründer und Beförderer alles Guten und Großen im Lande, in der Steiermark und in allen Schichten der Bevölkerung fortleben wird — auch hier Grundbesitzer war, und auch als solcher allen seinen Pflichten zum erhabenen Beispiele Aller nachkam, bewahrt die Pfarre Lembach sein Andenken, bewundern Fremde von Nah und Fern seine schöne Schöpfung am Johannes-Berge, der in seiner Art als Musterweingarten, wie längst früher sein Brandhof als Muster einer Alpenwirthschaft galt.

Das sogenannte Pickerer-Gebirge behauptet aber auch an und für sich einen hohen Rang betreffs des hier erzeugten Weines, daher dessen auch zu erwähnen, er mag Pickerer, Laßnitzer, Lembacher, Feistritzer, Raster, Hrastniker oder Süßenheimer heißen! Was den geschichtlichen Theil betrifft, wollen wir den Reisenden auf den Hügel über dem Dorfe aufmerksam machen; selben krönte ein schönes Schloß, das erst Ende des vorigen Jahrhunderts dem modernen Vandalismus des ex offo-Eingehens erlag. Oberlembach war ein bedeutendes Dominium, gehörte einst dem alten, und gehört jetzt sammt dem reichen Besitzthume, besonders an Rebengrund, dem neuen Benedictiner-Stifte St. Paul in Kärnten. Sehenswerth, besonders für rationelle Weinbauer, ist das ganze Gebirge, wo eben der Weinbau meist von Herren (wie man hier zu sagen pflegt) und daher mit Anwendung der Theorie und Neuerungen aller Art betrieben wird. Nebenher wollen wir für Landschaftszeichner Punkte, wie beim Erzherzog oder Reiser u. A. für Studien aller Art empfehlen.

Vom nahen Bacherberge schaut ein neu eingedeckter Thurm herab, es ist der in neuester Zeit zu einer Specula mit reizender Aussicht über das Grazer- und Leibnitzer-Feld umgestaltete Kirchthurm von St. Wolfgang.

3. St. Josef außer Marburg, vorhin Filiale von Lembach nun zur Stadt gehörig, ist eine freundliche Kirche im italienischen Style aus dem siebenzehnten Jahrhundert, und die Parthie hierher von Marburgern sehr besucht, wie es der Punkt mit seiner schönen, Aussicht auch verdient. Die ganze Reihe der sogenannten Marburger Weingärten — von Gams über Vordernberg und Schloßberg bis unter Melling nach St. Peter hinab — im Hintergrunde St. Urbani, malerisch im tiefen Flußbette die grauen Wogen der Drau, Marburg in seiner ganzen Ausdehnung und die Menge schöner Villen stellen sich den trunkenen Blicken dar.

4. Feistritz, ein Dorf am Ausgange eines Thales, dessen vorzügliche Weine (besonders von St. Paul und Admont) bekannt sind. Eine Kaffee-Surrogatfabrik und eine Pulverstampfe sind Etablissements desselben; sehenswerther ist die schöne Brücke mit 36 Schuh Spannweite, worüber die Trace führt, unter welcher ein manchmal sehr ungestümer Wildbach, den Abhängen des Bachers enteilend, der Drau zufließt.

5. Hollern, ein unbedeutendes Dorf, rechts ist die Ueberfuhr zum Schloße Wildhaus an der alten Hauptstraße, links führt eine gute Bergstraße zur sogenannten Kaindelsdorfer (Zink) Glashütte, und weiter hinauf nach St. Heinrich und auf den Bacher.

6. Die Beschreibung von **Wildhaus**, vorhin ebenfalls Sitz einer bedeutenden Grund- und Bezirksherrschaft, wurde vor Kurzem in den mit der „Tagespost" erscheinenden Heften (Ansichten aus Steiermark Nr. 20) geliefert, aus der wir nur die letzten Besitzer, als der literarischen Welt angehörig, nennen wollen; vorhin: der Dichter und Compositeur Baron Lanoy, aus den Niederlanden eingewandert; und gegenwärtig: der auch als Publicist in neuester Zeit bekannt gewordene Ritter von Carneri, (vermählt mit der Tochter des Letztern der Schärfenberge), zwei ebenso liebenswürdige Hausherren als auch rationelle Landwirthe.

7. **Maria Rast** ist auch sonst ein bekannter Ort, und eine der berühmtesten Wallfahrten in Untersteier; die gegenwärtige Kirche stammt aus dem 17. Jahrhundert, und zeigt allseits die illustrirten Jesuiten-Sprüchleins; allein das erste Gotteshaus war viel älter, und daher rühmt sich Kirche und Ort ihres tausendjährigen Bestandes. Vom nun gänzlich aufgelassenen Erziehungsinstitute für junge steierische Adeliche erzählte J. G. Seidl in der steierischen Zeitschrift. Eine ausführliche Pfarrs-Chronik mit einer vollständigen series parochorum erfreut den Historiker bei dieser Pfarre; nicht minder dürfte selben der Ort als Sitz eines einstigen steierischen Adelsgeschlechtes interessiren, das aber schon um 1300 ausstarb.

8. **Fall**, vorhin eine Staatsherrschaft, jetzt in Privatbesitz, reich besonders an Waldungen — vorhin an sogenannten Berggründen, Bergrechten und Weinzehenden und dergleichen, in jeder Hinsicht aber von großem Interesse. Das Gut hat ursprünglich den Namen von den Wasserfällen, welche hier die Drau bildete, weshalb die Schiffe oft oberhalb landeten, und ihre besseren Waaren ablegten, um sie später wieder einzuladen, welche Gefahren erst durch die großen Wasserbauten und Felsensprengungen anfangs dieses Jahrhunderts beseitigt wurden.

Die ersten Besitzer (wahrscheinlich auch Erbauer des Schlosses) hießen auch die Gfäller (wahrscheinlich vom Gefälle des Flusses), wie überhaupt als Feudalherren auch in der windischen Steiermark durchaus nur deutsche Namen vorkamen, ohne daß der Deutsche (als solcher) den Windischen als solchen je unterdrückte! — Unbekannt ist's, wie das Gut an die Benedictiner zu St. Paul in Kärnten kam. Sie besaßen es nebst Lembach und fast der ganzen Reihe der Weingärten von Gams an westlich aufwärts, welche alle erst später in Privatbesitz übergingen und (besonders Prosseg-ger) guten Wein liefern. Im Jahre 1782 aufgehoben, wurde es Staatsgut, bei deren Veräußerung es Anno 1820 an Martin Liebmann gelangte (der später in Baiern mit dem Prädikate Rast geadelt wurde), von dem es nun wieder käuflich an den Freiherrn von Kettenburg überging. Bis 1849 war es eine der größten Grund-, Bezirks- und Landgerichts-Herrschaften im Lande. Hier öffnet sich für den von Kärnten Kommenden das Drauthal gegen Osten, und es blicken schon die Weinberge um Marburg freund-lich entgegen; doch fließt die Drau noch im tiefen Thale, wodurch ihre zeitweiligen Verheerungen nicht so ausgebreitet wie bei Pet-tau, aber desto zerstörender sind. Erst unter Marburg hat sie mehr flache Ufer.

9. Zellnitz, westlich von Wildhaus, ein Pfarrdorf von 53 Häusern mit 370 Bewohnern, bietet wieder in anderer Hin-sicht Interesse. Wie am rechten Drauufer sich das weltliche Besitz-thum des alten Stiftes St. Paul, breitete sich am linken hier die geistliche Herrschaft des Bisthums Gurk aus, und noch gehören alle diese Pfarreien bis unter St. Peter (bei Marburg) unter das Patronat des Gurker Bischofs, womit sich auch die Ausdehnung Carentaniens über unsere windische Steiermark erklärt.

Nördlich von Zellnitz umkränzt eine Hügelreihe das Thal, auf denen noch die Rebe gedeiht; hinter denselben steigt die Czerna Gora empor, an deren nördlichem Abhange Hl. Geist, und östlicher

Hl. Kreuz liegt, westlich fort aber verengt sich das Thal, daß oft kaum Raum für einige Aecker oder Wiesen, geschweige für Weinbau ist. Schon hinter Gams hinein, dann bei Tresterniß, hier bei Zellniß und später beim vulgo Sturm führen Fuß- und nothdürftige Fahrwege hinüber in den sogenannten deutschen Boden (Peßniß- und Saggathal) mit schönen Parthien, und besonders an der Kante wunderschönen Aussichtspunkten auf das Leibnitzer- und Grazerfeld, und über die windischen Büheln hin.

10. Von Oswald aus nordwestlich führt eine Straße nach Kappel (an der oben genannten Gebirgskante) eine der höchst gelegenen Pfarren in Steiermark. Hier ist ein aufgelassenes Bleibergwerk und bis 1855 betriebene Bleischmelze.

11. St. Lorenzen in der Wüste, ein Marktflecken am Fuße des Bacher und malerisch in einem Thalkessel liegend, gewährt durch seine Häusergruppe ein eigenes Bild, und durch sein reges Leben hohes Interesse. Eine Glasfabrik, Eisenhämmer und eine Menge von Sägemühlen bringen Leben in diese romantische Gegend, die eigens für einen Touristen oder Maler geschaffen scheint. Der Markt zählt 141 Häuser mit 1000 Einwohnern, wovon das männliche Geschlecht der Industrie, das weibliche der Oekonomie lebt, indem meist Weiber den Ackerbau betreiben, die Männer aber im Holzschlage arbeiten und dann meist selbst ihre Holzwaaren auf Flößen in die untern Gegenden (Pancsova, Belgrad u. s. w.) verführen, oder in Eisenwerken beschäftigt sind. Wie wichtig einst dieser Holzhandel hier war, lebt noch in der Erinnerung Einzelner, die nur durch Fleiß und Geschick zu namhaftem Reichthum gelangten. Südwestlich aufwärts geht es nach Reifnig, und von da auf die Velka Kappa (4854 Wiener Fuß), dem höchsten Punkt des Bachers, mit eben so reicher als schöner Rundschau und interessanter Aussicht, wovon bereits anderseits die Rede war. Alle diese Gehsteige auf und über den Bacher (offenbar das reichste

und intereffantefte Gebirge im Lande) sammt all' seinen Werk-stätten, beschrieb Dr. Puff in gedachter Monografie und seinem Reisehandbuche sehr ausführlich.

12. Fresen, eine kleine Häusergruppe mit einer Pfarre St. Maria, welche kaum 500 Seelen zählt, von Interesse des-wegen, weil sie auch einst zu Kärnten gehörte und mit St. Paulern besetzt war. Den Reisenden auf der Drauwalder-Straße erschien selbe gleich St. Oswald wie eine Oise in der Wüste, da überhaupt wie erwähnt, wenig Häuser und Ortschaften vorkamen.

13. Reifnig, ein bedeutendes Dorf, mit einer zu Salden-hofen gehörigen Pfarre, St. Bartholomä, und einer Schule, deren Kinder oft zwei Stunden Wegs und darüber haben.

14. Buchern, ein Pfarrdorf (St. Lorenz) mit 47 Häuser und 380 Einwohnern, die auch auf der Drau einst Holzhandel trieben. Hier war vorhin die Grenze des Cillier Kreises, den der Bezirk der Herrschaft Puchenstein gegen Kärnten schloß.

15. Mahrenberg, ein nicht nur im Drauthale topo-grafisch, sondern für Steiermark historisch wichtiger Name, den Grillparzers dramatische Dichtung von „Ottokars Glück und Ende" verewigte.

Das alte Schloß am Berge stammt noch von den alten Mahrenbergern, liegt aber bereits in Ruinen, wie größtentheils auch schon das 1251 von Seifried und Gisela gestiftete Nonnen-kloster, Dominikaner-Ordens, am nördlichen Ende des Marktes; das neue Schloß rührt in seiner gegenwärtigen Gestalt (Sitz des k. k. Bezirksamtes) erst aus dem vorigen Jahrhunderte, wo das Dominium des Klosters nach Aufhebung desselben an den Staat überging.

Die Herrschaft wurde nach Aussterben der Mahrenberger im vierzehnten Jahrhunderte vom Staate pfand- und pflegweise vergeben, bis es die Familie Maggy käuflich an sich brachte, die es noch besitzt.

Der Markt war bisher Sitz der Poststation und eines Dekanates, bei welcher Pfarre eine fleißige Chronik geführt wurde, die von den Begebenheiten der Gegend viel berichtet, und deswegen von Interesse ist, weil die allgemeine Landesgeschichte wenig von hier meldet.

Nördlich aufwärts erhebt sich gleich hinter dem Markte, der aus dem äußeren und inneren besteht, und 202 Häuser mit 880 Einwohner zählt (übrigens sich eine Viertelmeile lang an der Straße hinzieht), der Radl, über den eine uralte Straße führt, einst ein wichtiger Verbindungsweg zwischen Steiermark und Kärnten, mit einem verkürzenden Gehwege nach Eibiswald und in den deutschen Boden. Von diesem Orte führen Stellwägen zur Eisenbahn nach Leibnitz, und schöne Wege nach Schwanberg, Holleneg, Landsberg u. s. w., sämmtlich Parthien, worauf wir Naturfreunde aufmerksam machen.

16. Hohenmauthen, ein l. f. Marktflecken, mit 104 Häusern, wovon einige den obern, die andern aber den untern Markt bilden, und 620 Einwohnern; hat seinen Namen von der vorhin bestandenen (allerdings in jeder Hinsicht hohen) Wegmauth, welche aber sammt dem Berge, auf welchem Hohenmauthen liegt, zweckmäßig durch die neue Straße umgangen wurde, und hatte ehedem ein Kloster der Augustiner, das 1290 durch die Grafen von Cilli gegründet, aber bei Josefs Reformen wieder aufgehoben wurde.

Das kaiserliche Schloß, „an der Mauth“ genannt, wurde später in die Herrschaft Kinhofen umgetauft, und gelangte nach verschiedenen Adelsgeschlechtern zuletzt in den Besitz des weiland Roman Schmidt. Im untern Markte ist eine Filial-Kirche (St. Johann), welche von einem durchreisenden Papste consecrirt worden sein soll. Nördlich von der Hochebene, auf der das Schloß nebst dem obern Markte steht, fließt im tiefen Thale die Feistriß, an welcher ein bedeutendes Eisenwerk hier betrieben wird, daher dem Reisenden aus Vergnügen auch diese Parthie empfohlen wird. Der Thalkessel hier dürfte auch den Geologen interessiren, indem er sicher einst einen See bildete, und Alluvialgebilde unmittelbar das Urgebirge bedeckt. Hohenmauthen mag eine Landzunge gebildet haben.

17. S a l d e n h o f e n , am Fuße des Bachers, dessen höch-ster Gipfel von hier am kürzesten erreicht wird (über Primon in drei Stunden), war vorhin als Land- und Stapelplaß der Drau-schifffahrt von großer Bedeutung, und wird es betreffs des Holz-handels noch immer bleiben; ist mehrseits schon beschrieben wor-den. Der l. f. Markt zählt 77 Häuser und 470 Einwohner, wird auch in einen obern und untern eingetheilt, die zwei Ge-meinden bilden, faßt das neue Schloß in sich, das aber ebenfalls schon einer Ruine ähnlich ist, während das Alte am Berge ganz in Trümmer liegt, die Herrschaft aber längst mit Mahrenberg ver-einigt worden ist. Vor allem für den Historiker ist die uralte Haupt- und Decanatspfarre St. Nikolaus hier interessant, mit deren Geschichte vereinigt weiland F. B. S l o m s c h e g (als dama-liger Pfarrer hier) auch den Markt und die Umgebung näher be-schrieb. Besonders ist das Schloß von Bedeutung; wir finden als Eigenthümer desselben die Cillier Grafen, die mächtigen Eibis-walder, die Wallsee, von Graben, Kollniß (von Kärnten) u. m. A., bis es an das Dominikaner-Kloster Mahrenberg kam, und mit dieser Herrschaft in Privatbesiß überging, nachdem sie Beide und alle durch die Cameralverwaltung lange genug verwahrlost wurden.

18. T r o f i n , ein Dorf mit einer Pfarre, Hl. Kreuz, am Fuße des Ottischnig-Berges, dessen Kante die Bezirksgrenze zwi-schen Mahrenberg und Windischgraz bildet, und dessen nördliche Wände durch eine gewaltige Fluth vom gegenüber liegenden Ab-

hange der Lavamündter-Alpe in Kärnten getrennt wurde, was das hier ungemein enge Drauthal bezeugt.

19. **Mohrenhof** und **Klause** bilden hier die Grenze zwischen Steiermark und Kärnten am linken Drauufer; hier bestand die Mauth- und Weineinfuhrslinie, welche Accise aber mit Einführung der allgemeinen Verzehrungssteuer aufhörte, deswegen von großem Interesse und praktischer Bedeutung für beide Länder, weil in Kärnten, wo nur leichter Wein erzeugt wurde, der Weinbau seitdem beinahe ganz darnieder liegt, während er in manchen Gegenden Steiermarks eben dadurch gewann. Der Zoll war (besonders bei dem früheren Geldwerthe) so bedeutend, daß man in Kärnten lieber die ungünstigsten Boden- und klimatischen Verhältnisse überwältigte, als leichten Wein einführte — mit dem aber, daß die Auflage wegfiel, war es den steirischen Weinhändlern leichter, auf geradewohl (wie jetzt häufig) eine Ladung Wein nach Kärnten zu führen, um ihn dort ibi-ubi an Mann zu bringen.

20. **Puchenstein** (Buchamstein), einst eine wichtige Grund-, Bezirks- und Landgerichtsherrschaft, vorhin den gleichnamigen steierischen, dann andern adeligen Familien, worunter die Geißrute und Jabornig bemerkenswerth, gehörig, ist gegenwärtig Eigenthum des Baron Kommeter, der das neue Schloß wieder herstellte.

21. **Drauburg**, eigentlich Unterdrauburg, zum Unterschiede von Oberdrauburg an der westlichen Grenze Kärntens (Einbruchstation von Tirol her), ist ein Markt mit 92 Häusern und 780 Einwohnern, und war als Grenzort einst von Bedeutung, in neuerer Zeit zugleich Poststation und Amtirungssitz der gleichnamigen Herrschaft, deren Gebäude im Markte noch auffällt.

22. **Windischgraz**, eine l. f. Stadt mit 123 Häuser und 790 Einwohnern, Sitz des Bezirksamtes und der gleichnami-

gen Landwirthschafts-Filiale, bietet historische Erinnerungen, insoferne sie sich rühmt, daß die steierische Linie des Adelsgeschlechtes dieses Namens aus dieser Gegend stammt; ebenso, daß ein Pfarrer hier die Pfründe Altenmarkt genoß, der später Papst wurde (Pius II. vorhin A. S. Piccolomini, Geheimschreiber Friedrichs IV.), endlich, einst der Hauptort eines bedeutenden, zu Aquileja gehörigen Landstriches — früher aber schon (als Collatium) den Römern bekannt gewesen zu sein.

Schöne Schlösser und eine ungemein großartige Umgebung bilden die Reize der Gegenwart, und so bietet die Stadt auch einen Mittelpunkt für Ausflüge nach allen Seiten hin : südöstlich über Weitenstein nach Cilli; südwestlich in's schlösserreiche Schaalthal und nach Sulzbach; westlich auf den Ursulaberg; nordwestlich zum Sauerbrunnen Köttellach und nach Guttenstein, östlich auf den Bacher.

Anhang.

Um halbwegs etwas vollständiges zu liefern, müssen wir die Grenze, welche der Titel dem Büchlein setzt, in etwas überschreiten, und wollen daher doch auch Etwas von Kärnten, unserem bescheidenen aber herrlichen Nachbarlande mit seinen vielen Burgen, mit den schönen Alpenseen, mit den Bergriesen, um welche Hochaltäre der Natur die Wolken den Weihrauch vorstellen, mit so vielen freundlichen Kirchleins und Gehöften, (auch freundlichen Bewohnern und Bewohnerinen,) mit dem reichen Bergsegen und allseits rationellem Wirthschaftsbetriebe u. s. w. wenigstens so viel erzählen, als zum Ganzen gehört. Es kömmt also auf der Route von

Drauburg bis Klagenfurt

vorerst zu berichten, daß die Entfernung von da bis Prävali, recte Pfarrdorf oder Maria am See 1 ½ Meilen, von da nach Bleiburg ebensoviel, dann bis Kinsdorf 1 $\frac{8}{10}$, bis Graßtustein 2, endlich von da in die Hauptstation wieder 1 ½ Meilen beträgt, daß die Richtung anfangs südwestlich, dann nordwestlich ist, die Steigerung aber bedeutend zunimmt: von Buchern bis Unterdrauburg nur 1:300, von da bis Prävali aber schon 1:100, dann bis zur Wasserscheide im Hamberg 1:80, endlich, daß bis ebenhieher die geraden Linien bei 10,000 die Curven 8000 Klft. Länge betragen.

Was den **pittoresken Theil** der Bahn betrifft, ist nur für jene, die Kärnten nicht schon ohnedem kennen, hier zu bemerken, daß eine Abwechslung und eine Fülle von Naturschönheiten und Landschaftsbildern, die jede Erwartung gewiß **weit übersteigen**, selbe allerorts ziert.

Kaum hat man den Stationsplatz Windischgraz-Drauburg verlassen, so zeigt sich Markt und Schloß Unterdrauburg jenseits des Flusses, diesseits aber hoch oben am Berge das Wallfahrtskirchlein hl. Kreuz, und so wie die Mies auf einer Gitterbrücke überschritten, betritt man schon Kärnten; das Thal gegen Süden gehört noch der Steiermark an, von daher fließt die Mießling, welche sich eben hier mit der Mies vereinigt; dort ist noch die zweithürmige Pfarrkirche St. Peter, zur Rechten unten St. Johann, im Hintergrunde aber Grabisch zu sehen, unter dem die Stadt Windischgraz liegt.

Zur Linken im tiefen Thale ist der Fluß und die Straße sichtbar, was nur kurz durch zwei Eisenbrücken unterbrochen ist, wo rechts und hoch über dem Flusse die Straße zu sehen; zur Rechten meist steile Berglehnen, und man sieht sich in eine großartige Gebirgswelt versetzt, wie die Wände des Ursulaberges und der Petzen beweisen, die hier jeden Ausweg zu versperren scheinen.

Wieder ein schönes und fruchtbares Thal, belebt mit Kirchen und Häusern und Straßen, zeigt sich dann bald zur Linken; da liegt Guttenstein, oder demselben Gamseneg, weiter davon Streiteben, näher wieder an der Trace Maria am

See *), endlich nach dem Stationsgebäude tief unten die immensen Werkstätten von Prävali selbst, denen jeder Vaterlandsfreund und Techniker gewiß entsprechende Thätigkeit und Gedeihen wünscht.

Steil geht es nun bergan in Krümmungen mit herrlichem Anblicke des idyllischen Dorfes Polana und der schneebedeckten Petzen, und einem eben so großartigen Rückblicke auf die Kirche von Liescha und im Hintergrunde die Vella Kappa, während der rechts Sitzende Studien in Baumgruppen machen kann, über den Stepper-Viaduct, dann den kleinen und großen Tunnel, nach welchem sich wieder ein ganz anderes Bild zeigt, und die zur Rechten gänzlich verschiedene Aussicht erschließt.

Ein Theil des Jaunthales zeigt sich den Blicken zu beiden Seiten des Waggons, links bis zu den ansteigenden Bergen und Felskolossen, deren Gruppirung (als Kalkalpen) immerhin höchst imposant, rechts als fleißig bebautes Ackerland oder üppiges Wiesengrün, allseits von Kirchleins belebt, die den frommen Sinn der Voreltern zeigen, Gehöften und Dörfern, unter denen links Lolpach erwähnenswerth; rechts zeigt sich indeß Stadt und Schloß Bleiburg, und im Hintergrunde die zweithürmige hl. Grabkirche. Südlich davon, doch beinahe eine halbe Stunde Wegs entfernt,

---

*) Ueber Maria am See und das Thal liegen zwar Beschreibungen vor, wie von Prävali und seine großen Werkstätten (Carinthia 1854, 1861 und 1862), doch möge wiederholt hier bemerkt werden, und zwar für den Naturhistoriker besonders, daß der Name aus neuerer Zeit herrührt, der Abfluß des Sees durch das Thal von Guttenstein, also in die historische, vielleicht jüngere Periode gehört.

liegt der Bahnhof, wo derzeit wegen Kreuzung der Züge längerer
Aufenthalt. Man steigt aus und besieht sich ruhig das schöne
Bild, dem nur Staffagen abgehen, da die Stationsgebäude (indeß
noch) ohne alle Umgebung dastehen. Nördlich schließt das Thal,
in welchem Bleiburg sichtbar ist, eine dunkelgrüne Hügelkette, welche zugleich die Wasserscheide der Drau bildet, hinter derselben
erheben sich zur Rechten die majestätische Kor- (in Steiermark
Schwammberger-) Alpe, zur Linken die Saualpe, auf der ersteren
ist der weitaussehende Speikkogel, auf der letzteren die sogenannte
große und kleine Sau deutlich bemerkbar. Von Bleiburg südwestlich führt die Straße über Eannegg in's Fellacher Bad und über
den Kanker nach Krain.

Noch großartiger gestaltet sich die Aussicht gegen Süden,
da erscheint in nächster Nähe eine Menge von Zacken und Hörnern
und Spitzen, kahl und ernst, in den Schluchten mit Schnee oder
Gerölle, es sind die Carabanken, welche Kärnten von Krain
scheiden und einen Gegensatz des lieblichen Bildes liefern, das
den Blicken des rechts Sitzenden begegnet; es steigt zuckerhut-
förmig die mächtige Obir empor, ist im Südosten der Zug der
Steineralpen mit der weithin kennbaren Form des Grintouz sichtbar, ebenso die Sulzbacher Gebirge u. s. w., in der Nähe aber
beleben größere Gehöfte die Landschaft, die meist in geraden Linien
durchschnitten wird.

So geht es fort, bis Kinsdorf wieder Halt gebietet, wo
einst ein großer Wechsel von Reisenden, denn rechts erscheint
Völkermarkt, links aber Eberndorf als wichtig für diese

Station. *) Bald hinter dem ersteren zeigt sich wieder ein weites Thal, dessen Ostseite nun die Saualpe schließt: es ist das schlösser-reiche Krappfeld; hinter Eberndorf aber führt die Straße nach Wind.-Kappel und über Fellach (Bad) nach Krain fort. In beide Orte, wie in das Pfarrdorf St. Kanzian, deren Filiale Georgenberg, hoch oben thront, ist noch eine halbe Stunde Wegs, denn die Station soll für Alle da sein als juste milieu. Auffallend ist zur Linken wieder eine schroffe Berglehne (Skorbin), in derem Ver-folge westlich sich ein bewaldetes Gebirge (die Sadnitz) fortzieht, sie bil-det die Wasserscheide der Drau, welche hier von Südwesten schon als mächtiger Fluß herausströmt, wie die schöne und großartige Brücke mit vier Pfeiler bald nach der Station Kinsdorf-Völker-markt zeigt.

---

*) Eberndorf, einst ein Tusculum der Jesuiten, die es verstanden, das Angenehme mit dem Nützlichen zu verbinden, und hier nicht nur Unterhaltungen aller Art genossen, sondern auch fleißig Wirth-schaft betrieben, was jedoch in noch großartigerem Maßstabe und wirklich rationell von St. Paul aus geschieht, welchem Stifte Eberndorf nun gehört. Die Propstei untersteht dem Bisthum Gurk (vorhin Lavant). So war auch der Name der Station beantragt, da Eberndorf immerhin der ansehnlichste Ort der ganzen Umgebung ist. Völkermarkt galt bis Anfang dieses Jahrhunderts als das Virunum der Alten, was nach neuen Forschungen nun seinen Platz am Zollfelde gefunden; immerhin ist auch Völkermarkt eine uralte Stadt, wie es schon die Lage vermuthen läßt, nördlich führt ein Weg durch's Krapfeld nach Friesach u. s. w., über welche Wege der Vorzeit (Römerstraßen) auch von mir — wie von anderen und gediegenen Federn wieder Beschreibungen im heimatlicher Blatte vorliegen.

Ungemein interessant für den Mineralogen und Geognosten sind die Einschnitte, durch welche die Trace führt, da deren Formationen wieder auf die großen Erd- und Naturrevolutionen schließen lassen, die hier vor Jahrtausenden stattgefunden, wo freilich es ganz anders ausgesehen haben mag, und die üppigen Gründe, welche heute da das Auge erfreuen, noch in anderer Gestalt und ganz wo anders waren.

Die Gegenwart wieder erfassend machen wir den rechts Sitzenden auf das alterthümliche Neudenstein (Schwarzschloß) und die jenseitige Hügelwelt, wo die alte Straße bemerkbar, dann auf das fürstlich rosenbergische Hechembergen und auf die Propstei Teinach aufmerksam, zu der eine Brücke über die Drau führt, und welche sämmtlich Wagner's „Ansichten aus Kärnten" — ein Werk, das ebenso wie Kärnten selbst durch seine Bescheidenheit nicht zur verdienten Geltung gelangte — porträt-getreu zeigten.

Hinter der Oeffnung, die das Krapfeld zeigt, sind in blauer Ferne die obersteirischen Alpen sichtbar, westlich aber schon die Gebirge nördlich von Klagenfurt, da die Trace einige Wendungen macht. Links zeigen sich nur die starren und meist bizarren Formen der Caravanken nur mehr hie und da über der vorerwähnten Hügelkette, die den Reisenden bis Klagenfurt zur Seite bleibt. Wir gelangen inzwischen zur letzten Station „Grafenstein", zunächst dem südöstlich liegenden fürstlich Rosenberg'schen schönen Schlosse, einst Sitz der Verwaltung und einer großen Herrschaft, wieder inmitten fruchtbarer Felder und Wiesen und anmuthiger kleiner

3

Wälder, zu denen Landleute in ihrer nationalen Tracht allseits lebende Staffagen liefern.

Dieselben schönen Bilder voll Abwechslung und belebender Farben bietet die letzte Station, auf der wir zwei wichtige Bauobjecte nicht unbeachtet lassen dürfen: die Brücken über die von Norden her der Drau zufließende Gurk und über die sich in diese ergießende Glan, beide Eisenconstruction. Wieder bieten die Einschnitte vor und nach Grafenstein allerdings nur dem Naturhistoriker Interesse, dafür öffnet sich nach dem letzten, wo die Aussicht auch nicht mehr durch Wälder und Anflug beschränkt wird, auf einmal ein ungeahntes Bild voll Farbenpracht und reichster Abwechslung; dem rechts Sitzenden winkt schon der hohe Stadtpfarrthurm, das schöne Welzeneg und wieder eine Menge Schlösser, wovon der Norden der Hauptstadt hier so überreich ist, dem Ankommenden entgegen, während dem zur Linken das beschattete Gurniß und das doppelthürmige Ebenthal auffallen. Im schnellen Fluge noch braust der Zug durch die Ebenthaler Allee, dann aber geht es allgemach stiller, bis die erwartende und staunende Menschenmenge aus der Hauptstadt Carnotaniens am Bahnhofe selbst wieder Leben und Bewegung bringt. Doch bevor er den Waggon verläßt, wirft er noch einen Blick nach dem Süden, wo nächst der Rupertikirche die Entschlafenen ruhen, wo aus weiter Ferne wieder Kirchen und größere Häusergruppen auffallen, unter denen Viktring von Bedeutung; endlich empfängt ihn ein Saal (auf welchen Bahnhöfe größerer Orte noch warten), und über eine Straße (die eine Zierde von

Bäumen hofft) die Stadt am südwestlichen Ende, wo das schöne Normalschulgebäude auffällt.

Es ist außer dem Zwecke dieser Zeilen, dem Reisenden einen Führer durch K l a g e n f u r t machen zu wollen *), jedoch Natur-freunde auf die Aussicht vom Gange des Stadtpfarrthurmes, den Historiker aber auf die Sammlungen des kärntn. Museums (Ge-schichtsvereines) aufmerksam zu machen, erachten wir deswegen für Pflicht, weil selbe gewiß jede Erwartung übertreffen!

Da dem Vernehmen nach schon fleißig am Ausbaue dieser ganzen Trace gearbeitet wird, und deren Vollendung in naher Aussicht steht, so daß selbe bis

Villach

schon bald — wenn auch nur in einem Jahre sicher! — eröffnet werden dürfte, so halten wir es für Pflicht, wenigstens davon die A n d e u t u n g e n zu liefern, die wir besonderer Gefälligkeit ver-danken. Hat die Trace bis Klagenfurt dem Romantiker und Land-schaftsmaler schon reichen Stoff geboten und sicher viele Erwar-tungen übertroffen, dürfte dies in noch höherem Grade der Fall

---

*) Auch von Klagenfurt gibt es Beschreibungen, aber die nächste Zu-kunft dieser Stadt — und eine wichtige Zukunft fordert eine aus-führliche Monografie; ebenso fordert die Zeit aber dort auch einen Generalplan bei den neuen Bauten, besonders im Uebergange der Stadt zu den Vorstädten aber eine gehörige Uebereinstimmung, um nicht durch ein buntes Wirrwarr den schönen Plan der innern Stadt zu verderben.

bei dieser Trace sein, und kein Zweifel, daß die Industrie bald
ihren Vortheil darin finden wird, Bilder aller dieser Ansichten zu
liefern, die Kärnten mit seinen Herrlichkeiten erst der äußern Welt
bekannt machen werden, wie sich's gebührt.

Auf dieser 5 ¹/₁₀ Meilen langen Strecke werden zu Krumpendorf, Pörtschach-Maria Wörth, zu Velden am See Stationen
dritter Klasse, endlich auch zu Gottesthal eine Aufnahmsstation
errichtet werden, der Bahnhof aber in der untern Vorstadt zu
Villach dürfte einer der großartigsten Bauten unseres Eisen-
bahnnetzes werden, wie es die Wichtigkeit dieses Punktes in strate-
gischer, commerzieller und „touristischer" Hinsicht auch mit sich
bringt. Wir wünschen dieser Stadt mit ihren herrlichen Umgebungen aber auch vom Herzen, wenigstens theil- und zeitweise wieder
jene Wichtigkeit und Wohlhabenheit, die sie im Mittelalter hatte
und ihr einen hohen Rang in der deutschen Geschichte seiner Zeit
einräumte. *)

Indem die Trace sich vom Klagenfurter Bahnhofe nord-

---

*) Wenn das literarische Wirken in Kärnten so fortschreitet, wie gegen-
wärtig (wo z. B. neue Zeitungen entstehen, während sie in Steiermark nacheinander eingehen), wo doch ein Organ vaterländische In-
teressen vertritt — wie seit einem halben Jahrhundert die „Carinthia" — so ist auch eine Monografie dieser Zukunftsstadt zu hoffen,
die zugleich dem Zwecke und den Anforderungen aller Racen von
Reisenden entspricht — möge eine solche nur bald zur That werden!
Auch das nützliche Streben des Kärntner Geschichtsvereines, der sich
die Gegenwart ebenso zur Aufgabe macht zu erforschen und zu be-
schreiben, wie die Vergangenheit des Landes — soll fördernd mit-
wirken.

westlich zieht, durchschneidet sie bald dort Canal und Straße, und bleibt dann natürlich am nördlichen Ufer des **Klagenfurter See's**, M. Loretto links, Krumpendorf rechts, Velden wieder links lassend, zwischen Lind und Bach hindurch, endlich bei Gottesthal die Drau doppelt überschreitend und gerade Villach zusteuernd.

Die Wasserscheide zwischen dem Wördersee und der Drau bei Federbach ist bedeutend, die Steigerungen aber auf der ganzen Strecke nur 1:104 bis 185, die stärkste 1:90. Als Bauobjecte werden die beiden Draubrücken von Bedeutung sein; interessanter aber als alles dies zusammen bleibt für den nicht in Wein — Wolle — oder andern Waaren Reisenden — sondern eigentlichen Touristen immerhin die großartige Gebirgswelt mit den herrlichen Landschaftsbildern, die ihn hier überall umgeben, er mag zur Rechten oder Linken des Waggons sitzen, nur wollen wir ihn (als solchen) wohlwollend aufmerksam machen, sich der dritten Waggon-Klasse zu bedienen, wo er ungenirt sich von einem Fenster zum andern bewegen und Rundschau halten kann, was die meist krinolinereichen Bewohnerinnen der zweiten Klasse doch übel nehmen könnten. Sie!

Wir nehmen Abschied vom Leser mit dem Wunsche, daß ihm diese Skizzen das sein mögen, was sie sein sollen, ein Vademecum im Waggon, um zu den Bildern einen Text zu haben, so matt und klein er sich zur großartigen Natur hier ausnehmen mag!

Druck von A. Leykam's Erben.